和鸡泡鱼飘流大广东②

佛山行通济

趣至文化·编绘

广州新华出版发行集团
广州出版社

图书在版编目（CIP）数据

佛山行通济 / 趣至文化编绘 . — 广州 : 广州出版社 ,
2023.2
（和鸡泡鱼飘流大广东；②）
ISBN 978-7-5462-3523-3

Ⅰ . ①佛…　Ⅱ . ①趣…　Ⅲ . ①风俗习惯—佛山
Ⅳ . ① K892.25

中国版本图书馆 CIP 数据核字 (2022) 第 191896 号

书　　名 佛山行通济
Foshan Xing Tongji

策 划 人 趣至文化　龚　婷　管健嘉
责任编辑 卢嘉茜　李佰幸
责任校对 窦兵兵
本册主编 孔雁菲
装帧设计 趣至文化
出版发行 广州出版社
（地址 : 广州市天河区天润路 87 号 9 楼、10 楼　邮政编码：510635）
印刷单位 广州市快美印务有限公司
（地址 : 广州市白云区广从五路 410 号一楼 103 房、二楼、五楼部分
邮政编码 :510545　电话：020-23336155）
规　　格 787 毫米 ×1092 毫米　1/16
印　　张 4.75
字　　数 100 千
版　　次 2023 年 2 月第 1 版
印　　次 2023 年 2 月第 1 次
书　　号 ISBN 978-7-5462-3523-3
定　　价 48.00 元

发行专线 : （020）38903520　38903518　38903521

目 录

蓝蓝的天，软软的云，连空气都是甜的。

我们乘着鸡泡鱼大气球，飘向冉冉升起的红日。

人物介绍

瓜　瓜

广东小男孩，剃了一个西瓜头，大家都喜欢喊他瓜瓜。他喜欢冒险，偶尔幻想自己是苏东坡，老是想着“日啖荔枝三百颗”。

鸡泡鱼

一条神奇的河豚，不但会游，还会飞！嘟嘟小嘴，吸气胀百倍；能突破时空界限，带着瓜瓜去飘游。

羊老师

因为貌似无所不知，一度被怀疑是AI羊。为此，他在故事里做出了各种自辩行为，实力证明自己是一只“真”羊。

通济桥爷爷

通济桥爷爷住在广东省佛山市禅城区的金鱼街，已经好几百岁了，是一个忘记了过去的憨憨！

正月十六行通济

通济桥位于广东省佛山市禅城区金鱼街。行通济是广东省佛山市一带的传统民俗活动。每到正月十六，家家户户都会扶老携幼，从清晨到夜晚，举着风车、摇着风铃、提着生菜和花灯浩浩荡荡地由北到南走过通济桥，祈求来年平平安安、顺顺利利。

行通济　冇闭翳

瓜瓜，经过通济牌坊我们就要上桥了！

是的！爸爸妈妈说：“行通济，冇（没有）闭翳！”要行就要坚持行三年呢！

“行通济，冇闭翳”。“闭翳”是粤语口语，意为“令人头痛的、烦恼的”。所以，“行通济，冇闭翳”意思就是人们走过通济桥，令人头痛的烦恼的事情就没有了，一切变得顺利。

行通济一行就要连续行三年的规定，是没有相关历史记载的，这只是人们口口相传的一种说法而已。

偶遇通济桥爷爷

是我！我好像失忆了，只记得自己叫通济桥。想请你们帮帮忙！
失忆了确实可怜！
忘记了找回来就是了，我们一起帮帮通济桥爷爷吧！
开始寻找记忆之旅，出发！

通济桥是怎么来的

明朝的佛山

这是明朝时期佛山的地图！
我很快就可以找回记忆吗？
可能在那里！
河道
都司衙
天后庙
潘涌铺
观音堂铺
鹤园铺
黄伞铺
祖庙铺
忠义灵应祠
早市
福山书院
武帝庙
太乙楼
丰宁铺
佛山书院
耆老铺
山紫铺
南泉庙
锦澜铺
大晚市
茶亭
南济庙
桥亭铺
明照铺

佛山，“肇迹于晋，得名于唐”。唐、宋以来，由于西江、北江支流逐渐淤塞，佛山境内的汾江河取而代之，成为广州通往西江、北江的主航道。明朝中叶之后，佛山成为南方商业和手工业重镇，明末与湖北的汉口、江西的景德、河南的朱仙并称天下“四大名镇”。清朝中叶，佛山达到鼎盛时期，与北京、苏州、汉口并称“天下四聚”。

佛山的河涌

《佛山忠义乡志》有文："佛地内涌外河，相为表里。"这外河就是汾江河，内涌是指洛水、栅溪、新涌等遍布佛山的河涌。外河内涌，将佛山古镇环绕，构成了一条回环相连的护城水带，连接并护卫着佛山。佛山最为重要的官舍、铺区、码头、神庙，均是沿河而立。通济桥便架在这佛山内涌洛水之上。

洛水、栅溪、新涌在近现代合称为"新涌"，不过，现在很多水道已被填埋了。

书生建桥传说

先生着急去哪里？
我急着上京赶考，待我高中归来，定建桥以报艄公之恩。
没有桥就是麻烦啊。
看来这书生跟通济桥渊源很深啊！

佛山流传着“书生建桥”的故事。相传明朝中叶，有一个外乡考生上京赶考，欲渡过洛水涌，碰巧渡头的艄公生病了。书生担心误了行程，心中十分焦急。艄公得知书生赴京应考，带病送书生过河。书生大为感动，立誓此次上京考试如果中了进士，将回乡在艄公摆渡处建一座木桥，以报艄公之恩，以便后人之用。后来，他真的考中了进士，回乡后即践行诺言。有恩必报、一诺千金，值得点赞！

通济桥，登科桥

进士先生，为您的有恩必报点赞。
依我看，这通济桥还是登科桥呢！
霍与瑕感谢诸位父老乡亲协力修建通济桥。
原来我是这样诞生的啊！

《佛山忠义乡志》（道光版）有“明嘉靖三十八年己未（1559 年）修通济桥，深村堡进士霍与瑕捐修”的记载。这是有史可查的第一代通济桥。霍与瑕是 1559 年南海地区唯一的进士，看来“书生建桥”的故事并非空穴来风哦，所以这通济桥，还有点登科桥的意味呢。值得一提的是，霍与瑕的父亲是名臣霍韬，官至礼部尚书、太子少保，有《霍文敏公全集》传世。

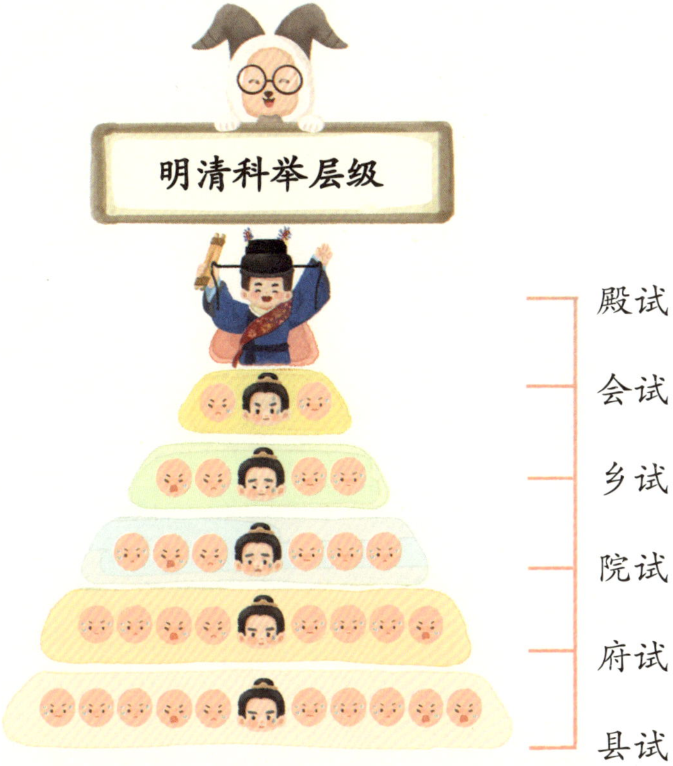

明清的科举考试需要经历“县试—府试—院试—乡试—会试—殿试”，层层升级，一点也不简单呢！殿试是在皇宫里面举行的，通过后就是进士（殿试前三名为状元、榜眼、探花）。最后能参加殿试的，全国也就 300 人左右。

木质的通济桥

第一代通济桥，是木质桥。

通济桥建成后，加快了佛山和周边四乡人流、物流、资金流和文化互动的同时，也加速了佛山与周边四乡的整合，从而成就了“诸乡以佛山为大都会”的形势。

深村在佛山洛水涌的南岸，其经济形态以农业为主。而从南岸经过通济桥进入佛山堡的桥亭铺，则有大量铸造商户，还有为铸造提供服务的柴栏、火石、纸盒等行业的商户。

原来第一代通济桥是木质桥呢！
有了通济桥，人们往来买卖方便多了！
看我年轻时多帅啊！

木桥变成危桥

时间就像通济桥下的河水，一直流走……

鸡泡鱼他们飘到了明朝天启五年（1625 年）。

这位先生便是通济桥的第二代修建者李待问了。他出仕为官，后因父丧归乡，行走于河涌边时，看到通济桥的柱架被白蚁蛀蚀，仅剩残木，已经完全无法通行，行人只能等待退潮的时候涉水而过，心中很不是滋味，于是决定重修此桥。

木桥与石桥之争

桥既然名叫“通济”，一定要先通而后济。综合大家的意见，我们重修一条木石参半的通济桥吧！
石桥坚固啊。
支持石桥！
怕堵塞可以拓河道啊。
VS
佛山堡人

李待问

李待问是万历三十二年（1604 年）进士，官至户部尚书，佛山民间慈善的启蒙者。他对佛山公共营造不遗余力，除了修建通济桥，还参与捐资修建通往省城的羊城古道、大修灵应祠（祖庙）、创建文昌书院等。

木桥、石桥之争

就通济桥重建，李待问召集四乡父老商议修建木桥还是石桥。佛山外围四乡之人认为，通济桥所在之处，为诸乡之水归海通道，如果在此修建石桥，其桥墩会阻塞水流，给周边诸乡带来水灾隐患，因此主张修建木桥。佛山堡的父老则主张修建石桥，他们认为担心堵塞应该拓宽狭窄的河道，而不应归因于石桥。李待问权衡再三后，出于社区整合的考虑，充分尊重了四乡父老的意见，认为“桥以‘通济’名，必通而后有济也”，遂用木石参半之法。

木石参半的通济桥

桥柱与桥梁

以三排巨木作为桥柱，桥柱上的桥梁则用红砂岩垒成，桥梁和桥墩构成了一个末端尖锐的“T”字形，深深地扎入水中，使桥梁显得牢固、美观。

通济桥的作用

通济桥修建木桥还是石桥的争议，最终以木石参半完美结束，展现了一种“通济天下”的精神。这次不但重新修了桥，还在桥的东面建了一座亭。乡民在这里可以休闲娱乐，也可以聚会商谈乡间事务。这使通济桥不仅具有交通功能，同时也成为一个公共文化空间。

张国维

张国维是天启二年（1622 年）进士，授番禺知县。他和李待问是好友，修建通济桥的红砂岩（出自番禺莲花山）便是他所捐献。他是一位忠义之士，清兵入关后宁死不降，以身殉国。

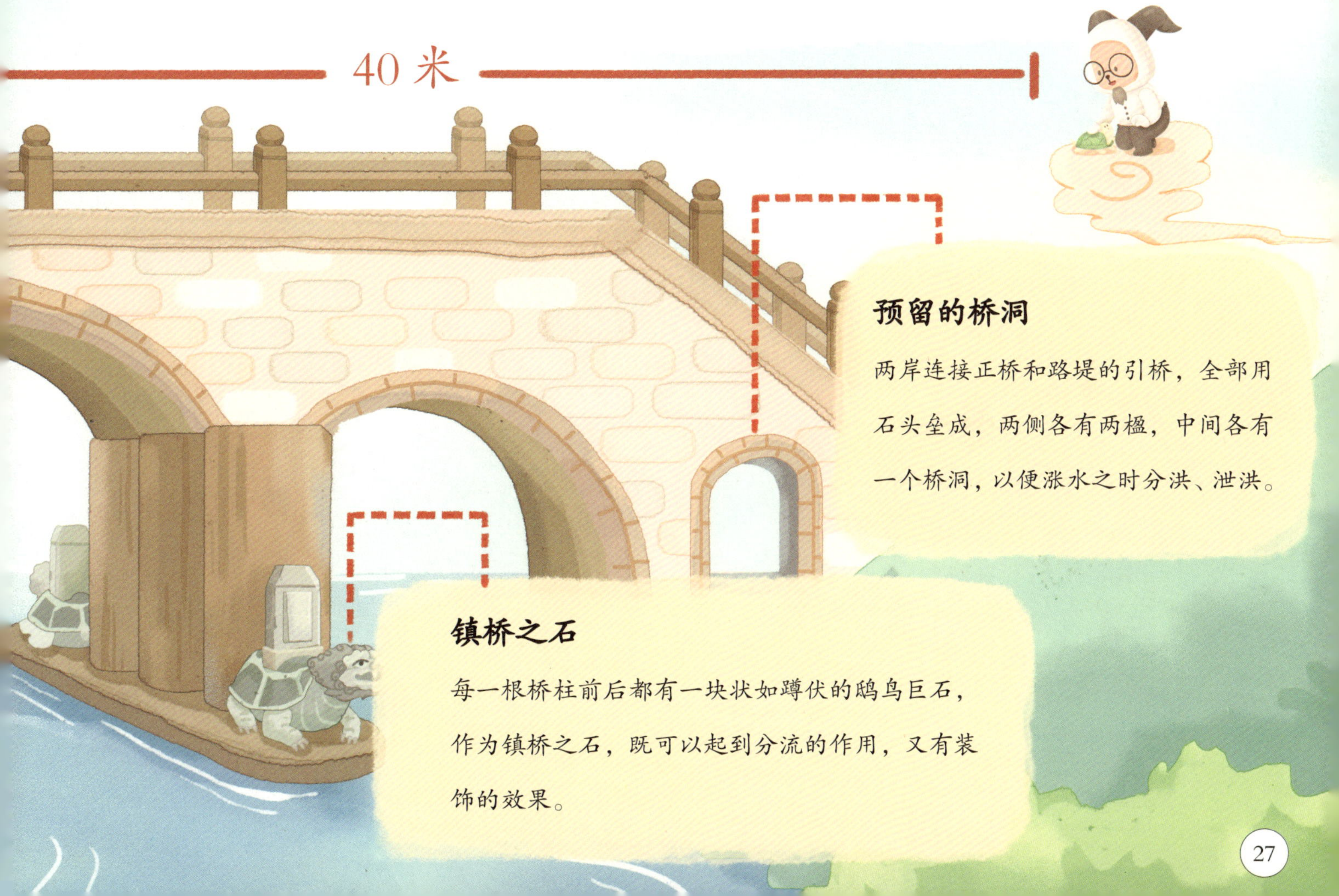

预留的桥洞

两岸连接正桥和路堤的引桥，全部用石头垒成，两侧各有两楹，中间各有一个桥洞，以便涨水之时分洪、泄洪。

镇桥之石

每一根桥柱前后都有一块状如蹲伏的鸱鸟巨石，作为镇桥之石，既可以起到分流的作用，又有装饰的效果。

佛山古八景之村尾垂虹

通济桥建成后，张国维曾写下《通济桥记》，最早对通济桥进行了文学的审美构建，他写道：“踊若戴鳌，矗如岳压，望之若垂长虹……”他将通济桥比作“垂虹”，“佛山八景”之一的“村尾垂虹”，也引用了这“垂虹”之称。

恢复记忆

书生建桥、木石之争……
我统统想起来了！
太好了！感觉又有
听不完的故事了。
我连小凳子
都搬好了。

桥亭文化

茶亭古迹
后来人们还一直修桥吗？
嘿嘿，不光修茶亭，还写桥记，题对联，书匾额，文化感满满的。
修桥成本高，听说修茶亭的倒是不少。
康同社稷共升平
通運同千秋
啟泰黎民
脩茶亭記

自明朝至民国年间，有史实记载的关于通济桥桥亭的修建一共有六次。这些桥亭的修建，不但方便了往来之人，更因围绕通济桥文化的导入，构建了一个文化地标。

著名的桥亭对联

- 通运冠千秋，启泰黎民兴百业

  济慈联广宇，康同社稷共升平

  “通运”，指通济桥南端的通运土地社，“济慈”指通济桥北面的南济观音庙。这副对联写出了通济桥的经济文化功能。

- 通七堡之游行，逸客寻春，任得渡头饮马

  济万人之来往，曲桥跨水，艳称村尾垂虹

  该对联现悬挂于通济桥牌坊，出自清朝时期佛山著名本土文人吴弥光，他曾在道光年间于通济桥南面建造“且住亭”。

著名的桥亭匾额

梁九图曾为通济桥茶亭题额“茶亭古迹”。梁九图是道光、咸丰年间的社会名士、慈善家和诗人、岭南名园梁园的创建者之一。

通济桥的四个阶段

第一阶段

明朝中期（1559 — 1581 年）

· 木质桥。

· 修桥为取代渡口，有“通济四乡”之义。

· 佛山处在由南海渔村向工商业集镇的发展阶段。

第二阶段

明末清初至民国（1581 — 1945 年）

· 木石参半到石拱桥，并且开始修建桥亭、神庙、石路等附属设施。

· 修桥有“通济天下”之义。

· 佛山经历了由工商业集镇到岭南巨镇的都市化转型。

第三阶段

中华人民共和国成立后至改革开放之初（1958 — 1982 年）

· 混凝土结构的公路桥。

· 通济桥的交通枢纽地位下降。

· 佛山经历着现代化城市改造。

第四阶段

整体重建（2001 年后）

· 打造以通济桥为核心的通济广场。

· 行通济作为传统民俗，文化地位上升。

· 佛山实现现代化城市升级。

旧时行通济

①
通济桥爷爷，既然您已经恢复记忆，那我们也要回去了。
是的是的，小朋友该回家了！
不要走哇……我都还没有带你们去旧时行通济！
②
我带你们去看看以前的人们怎么行通济，可好玩了！
③
真的吗？

我们要去！
耶！
④

赶紧出发！
⑤

爷爷比我们
还激动！
呜呼！起飞！
果真老当
益壮！
⑥

民国时期行通济

九出十三归

行进有序

“九出十三归”即人群通过通济桥时，必须先通过桥头的九级台阶，然后通过桥尾的十三级台阶。这样行进有序，才能猪笼入水，大吉大利！

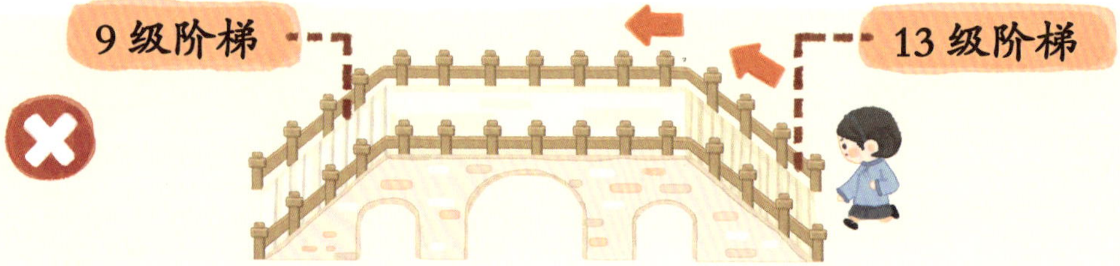

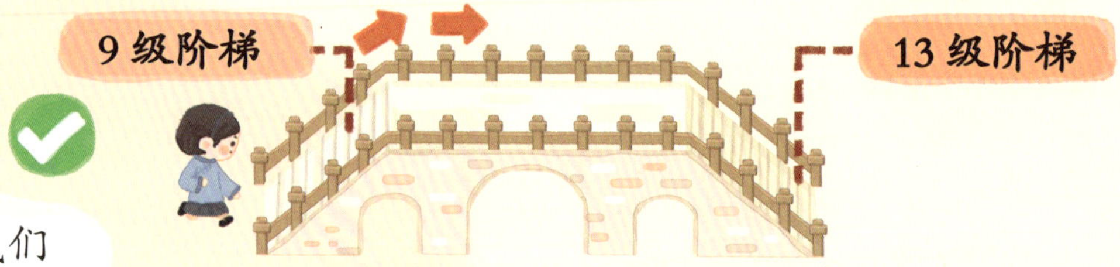

当铺利率

佛山在明清时期为工商业巨镇，铸铁、陶瓷、纺织业发达，资金流转需求使典当业变得兴盛。“九出十三归”就是清朝当铺的利率，即当票写足十元，先扣利息 10%，实付给物主 9 元，利息则照 10 元计算。这样做生意，当铺自然是利润丰厚的。

行通济路线

行通济是要这么走的！
终点
回家
蜘蛛山
行大运，求福祉
起点
来买生菜包了喂！
买生菜包
用于祈福
南济观音庙
扯灯带、祈福

被生菜包包围了

生菜包用于南济观音庙及社公祈福

三棵生菜：

生菜要带根，寓意子孙繁盛。

一炷香：

表示香火延绵、后继有人。

两封利是：

寓意利于开市。

生菜因其谐音产生了两方面的寓意：

- 取生育之意，还与广府人喜欢吃生菜包的饮食习惯相结合，人们觉得吃生菜包，有“包生”的意思。
- 取生财之意，“生菜”谐音“生财”，所以人们也称生菜为“胜意菜”。

南济观音庙扯灯带

南济观音庙扯灯带

旧时行通济，人们会手持香烛前往南济观音庙祈福。或领圣水，或扯灯带。扯灯带就是用方巾将小媳妇的眼睛蒙上，在庙祝的引导及婆婆的陪同下，用手扯观音座前大油灯的灯带求子。扯到白色灯带预示着生男孩，扯到红色灯带预示着生女孩。这种仪式只是人们对多子多福的一种诉求而已，没有科学根据的哦。

热闹非凡行通济

民国时期的行通济民俗，不但有着祈福、祭祀的氛围，还带有博彩和商业色彩。从桥尾到桥头沿路的两边空地上，有买大小、择鹅、择鸡蛋、择鱼虾蟹等博彩玩法，以及卖武的、斗力气的、卖药的，还有杂骰子等民间游艺活动。到了晚间，商贩们点起大光灯（汽油灯），把黑夜照得如同白昼，吸引夜间行通济的人们购物娱乐。所谓择鹅、择鱼虾，和现在市集里的套圈圈、射气球等游戏类似，原意是取一个好兆头，所以行客游人无不趋之若鹜。

行通济　有赑(bì)屃(xì)

赑屃

形似龟，好负重，长年累月地驮载着石碑，曾协助大禹治水。

投物度厄

旧时行通济，人们喜欢用铜钱掷向桥墩上的镇水石兽以求好运，这是一种常见的“投物度厄”的民俗仪式。据当地乡亲回忆，以前通济桥两头左右确有石雕赑屃。

“闭翳”源于赑屃？

“闭翳”是粤语口语，意为“令人头痛的、烦恼的”。冒广生先生认为本字应该为“赑屃”，“因其千年万代都要背上重重的碑石，故广州方言说糟糕为‘嗶’，本字视为‘僿’”。

冒广生

生于1873年，卒于1959年，字鹤亭，号疚斋，江苏如皋人，曾列名“公车上书”，是中国近代史上的著名学者。

社公出手拦截

从通济桥下来，人们还要到通运土地社祭拜社公和葵棚里的金花娘娘、送生司马。汉人自古即有社祀传统，社指土地神和祭祀土地神的地方。

金花娘娘和送生司马，均是岭南地区人们求子祭拜的神。以前生活条件艰辛，人均寿命低，因而希望能够多子多福。

为什么去存院围尾窦

“佛山内外基围，以存院围为命脉。”佛山古镇没有城墙，存院围如同一道屏障，保障镇内居民免受洪水侵袭。尾窦作为水闸，其功能在于调节存院围内佛山涌和存院围外汾江河之间的水位，实现蓄水灌溉与排洪泄洪。佛山人行通济特意绕行存院围尾窦，是以此仪式表达对古镇的安全、命运、福祉、秩序的一种深度关注。

蜘蛛山有故事

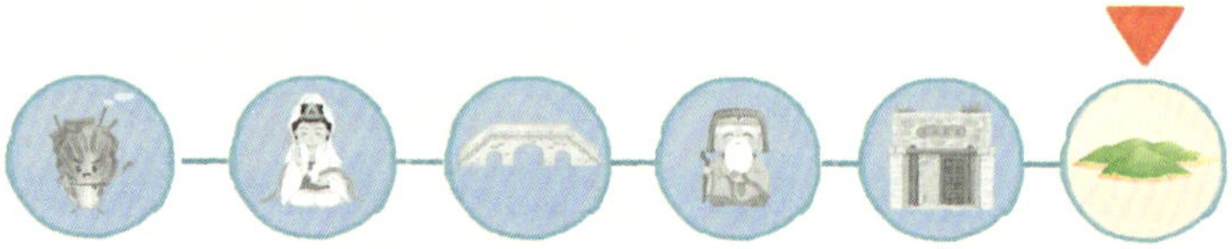

蜘蛛山因形如蜘蛛而得名，位置大概位于现在佛山市政府一带。据民国《佛山忠义乡志》记载，这里曾发生了一件与民众性命攸关的大事。1911 年武昌起义之时，顺德乐从有民军响应支持，有土匪想借机骚扰佛山。好在当时省会驻军 40 人在蜘蛛山赞翼诚善堂，与土匪发生了激战，并成功将其击退。佛山民众得到了保护，心怀感激。行通济路线中纳入蜘蛛山，其实是民众对此事件的一种纪念以及对铺区安全的一种心理需求。

行通济行大运

以前行通济的打卡点，

对应现在的什么地方呢？

蜘蛛山
新
佛山市政府
新
通济广场
通济桥
我这是要回
到现代了！
旧时行通济的路线刚好是一个圆，
行通济就是行大运了！

现代行通济

佛山醒狮助阵威

醒狮，属于中国狮舞中的南狮。历史上由唐代宫廷狮子舞脱胎而来，五代十国之后，随着中原移民的南迁，舞狮文化传入岭南地区。明代时，醒狮在广东出现，起源于南海县。每逢佳节庆典，必敲锣打鼓醒狮助阵。佛山是武术之乡，因而其醒狮也融合了武术的特点。

慈善游行规模济

2012年的行通济，举办了首届“温爱佛山——元宵慈善文化万人行”活动。其实行通济的慈善游行，只是对通济桥行善含义的一种展现与弘扬。明朝时期霍与瑕、李待问分别倾力修建通济桥，便为这方土地种下了慈善的种子。

四海通济月生辉

现在行通济来的人好多！
那边的花灯也不错！
我们去看看。
今天太开心了，这次旅行找对地方了！
当然，我不就是从广州坐地铁来的吗？

交通更便捷，行通济真

的通达四海了。

生菜广场引财归

现代人行通济，会往桥下扔生菜包，这其实是“投物度厄”的延伸。但这样给通济桥带来了不少麻烦。后来经引导，人们改为把生菜包投掷到生菜广场。旧时行通济，人们习惯把生菜包带回家，寓意“引财归家”，在现代，这也是一种很不错的选择呢！

我的其他兄弟
姐妹呢？
那，在那，那边
就是他们的归宿。
是什么味道？
好香呀！

让我尝尝生菜的味道！
是炒菜的味道！

创作团队

总筹划

龚　婷　管健嘉　孔雁菲

编　者

孔雁菲

插　画

龚　婷　游雅文　周颖君　林泳琪　陈虹先

范修洋　王晓龄　陈昭忠　罗心婷　黎秋蓉

排版设计

莫惠仪